MW00416174

Pepín
y el abuelo

MONTAÑA
ENCANTADA

Hilda Perera

Ilustrado por Paz Rodero

Pepín
y el abuelo

EVEREST

Dirección Editorial: Raquel López Varela
Coordinación Editorial: Ana María García Alonso
Maquetación: Cristina A. Rejas Manzanera
Diseño de cubierta: Jesús Cruz

No está permitida la reproducción total o parcial de este libro, ni su tratamiento informático, ni la transmisión de ninguna forma o por cualquier medio, ya sea electrónico, mecánico, por fotocopia, por registro u otros métodos, sin el permiso previo y por escrito de los titulares del Copyright.
Reservados todos los derechos, incluido el derecho de venta, alquiler, préstamo o cualquier otra forma de cesión del uso del ejemplar.

DÉCIMA EDICIÓN

© Hilda Perera
© EDITORIAL EVEREST, S. A.
Carretera León-La Coruña, km 5 - LEÓN
ISBN: 84-241-3271-8
Depósito legal: LE. 78-2006
Printed in Spain - Impreso en España

EDITORIAL EVERGRÁFICAS, S. L.
Carretera León-La Coruña, km 5
LEÓN (España)
Atención al cliente: 902 123 400
www.everest.es

Pepín vivía en el piso más alto de un edificio moderno,
gris y vertical de una ciudad
grande. Nunca en su vida había

visto una vaca de verdad. Al abuelo Paco, que tenía una finca, esto le preocupaba muchísimo, y a cada rato escribía a sus hijos:

"A ver cuándo me mandan a Pepín a que conozca el campo. Con cinco años, seguro que no ha visto una vaca, ni sabe cómo es una gallina".

El papá decía:

—¡Cosas de aldeano viejo!

Y no hacía el menor caso. Pero la mamá empezó a preocuparse.

Un día, por hacer la prueba, le preguntó a Pepín:

—Hijo, ¿tú sabes que la leche viene de las vacas?

—Claro que sí, mamá.

—¿Y cómo son las vacas?

—Como las botellas de cristal que dejan a la puerta todas las mañanas.

—¡Huy, huy, huy! —dijo la madre, muy asustada—. ¿Y los huevos, hijo, de dónde vienen?

—De las gallinas.

—¿Y cómo son las gallinas?

—Como las cajas verdes o blancas de plástico que tú traes del supermercado.

—¡Ay, ay! ¡Qué horror! ¡Pobrecito! —dijo la madre.

Y sin esperar un minuto, le escribió al abuelo:

"Por favor, papá, ven a buscar a Pepín en seguida".

El abuelo llegó a los dos días con un carretón viejísimo lleno de mil ruidos.

—Vamos, Pepín.

Y allá se fueron los dos, sube que sube, por un lomerío
verde, hasta llegar a la finca.

En seguida Pepín salió a reco-
rrerla. Pero apenas se fue por una
vereda, se encontró un animal rarísimo. Tenía dos patas, plumas
blancas y un pico como una pala.
Cuando Pepín se acercó, dijo:

—Cuac, cuac…

¿Qué sería? ¿Qué no sería? ¿Tú lo sabrías?

Pero como tú no estabas allí, Pepín salió corriendo a preguntarle al abuelo.

—Abuelo, he visto un animal rarísimo. Tiene dos patas, plu-

mas blancas, un pico como una pala y dice "cuac, cuac".

—Ah, sí, hijito. Es la pata Pita.

—¿Puedo llevármela para mi casa?

—¡Claro que sí! Te la amarro con esta soga y te la llevas.

Pepín continuó su camino muy contento con el "cuac, cuac" de la pata. De pronto, en

el medio mismo del camino, vio un animal rarísimo.

Tenía barba, y cuatro patas, y dos cuernos.

Cuando Pepín se le acercó, dijo:

—Bee, bee...

¿Qué sería? ¿Qué no sería? ¿Tú lo sabrías?

Pero como tú no estabas allí, se fue corriendo a preguntarle al abuelo.

—Abuelo, abuelo, me he encontrado con un animal rarísi-

mo. Tiene barba, dos cuernos, cuatro patas y dice "bee, bee".

—Sí, hijito. Ése es el chivo Perico.

—¿Puedo llevármelo para mi casa?

—Sí, cómo no. Te lo amarro con esta soga y te lo llevas.

Pepín siguió su camino muy contento con el "cuac" de la pata y el "bee" del chivo.

De pronto, sintió un ruido.

Miró, y debajo de un árbol, tomando la sombra, vio un animal rarísimo.

Tenía cuatro patas, dos cuernos y un rabo flecoso.

Cuando Pepín se le acercó,
dijo:
—Muu… Muu…
¿Qué sería? ¿Qué no sería?
¿Tú lo sabrías?

Pero como tú no estabas allí, se fue corriendo a preguntarle al abuelo.

—Abuelo, abuelo, he visto un animal rarísimo. Es grande como un escaparate y tiene cuatro pa-

tas y dos cuernos. Es de color ca-
nela y dice "muu".

—Sí, Pepín, ésa es la vaca
Dalila.

—¿Vaca? ¿Puedo llevármela
para mi casa?

—Claro, hijito. Te la amarro con la soga y te la llevas.

Pepín continuó muy contento con el "cuac", el "bee" y el "muu" que le seguían.

De pronto, vio un animal chi-
quito acurrucado en la hierba. Tenía pelo blanco, cuatro patas, dos
orejas largas y una naricita rosada.
¿Qué será? ¿Qué no será?

Si Pepín no lo sabe, tú sí lo sabrás…

Pero como tú no estabas allí, se fue corriendo a preguntarle al abuelo.

—Ése, Pepín, es el conejo Pom Pom Rabanillo.

—¿Puedo llevármelo para mi casa?

—Sí, hijo. Llévalo tú mismo.

Pepín lo cargó con mucho cuidado para no hacerle daño, y la fila hizo "cuac", "bee", "muu"… y nada, porque el conejo no dice nada.

Pepín siguió caminando y de pronto se encuentra en medio del campo con un animal rarísimo, muy orgulloso, como si fuera rey.

Tenía plumas de todos los colores, dos patas y un pico.

Cuando Pepín se le acercó, dijo:

—¡Kikirikí!

En seguida salió otro pareci-
do, con plumas y cresta, pero
con cola chica. Miró a Pepín de
lado y cloqueó:

—Clo, clo…

¿Qué serán? ¿Qué no serán?
¡Los niños del campo sí lo sabrán!

Pero como no estaban allí, Pepín salió corriendo a preguntarle
al abuelo.

—Pepín, ésos son el gallo Serafín y la gallina Monina, y sí puedes llevártelos para tu casa.

De pronto, al costado del camino, muy quieto y complacido, Pepín encontró aún otro animal rarísimo: era grande, gris, tenía cuatro patas, dos orejas gachas y cara de bueno.

Cuando Pepín se le acercó, hizo un ruido muy raro, que llaman rebuzno.

¿Qué sería? ¿Qué no sería? ¿Tú lo sabrías?

El que anda con burros, lo conocería.

Pero como no estaba allí, salió corriendo a preguntarle al abuelo.

—Abuelo, abuelo. He visto un animal rarísimo…

—Está bien, está bien. Tómalo y amárralo, y vamos para casa, que ya es muy tarde y el cuento se está haciendo largo.

Camino a casa, la fila dijo:

—Cuac, cuac, bee, muu…

Y lo que recuerdes tú.

Se subieron Pepín y el abuelo en
el carretón de mil ruidos, y ahora
más, porque detrás iba la pata, el
chivo, la vaca, el burro, el conejo,
el gallo Serafín y la gallina Monina,
cada cual con su sorpresa diciendo
"cuacbeemuukikirikícloclo".

Finalmente llegaron a la ciudad. Los taxistas y los conductores de autobuses y de coches los miraban furiosos y los amenazaban con los puños por interrumpir el tráfico.

Al llegar al edificio alto, gris y tieso de la ciudad moderna, Pepín subió la escalera. Detrás iba la pata, la vaca, el chivo y todo lo demás.

Cuando la mamá abrió la puerta, por poco se muere del susto.

—¡Ay, Pepín! ¡Ay, Pepín! ¡Ay, Pepín!

La pata empezó a pasear por toda la alfombra, y luego, muy contenta, se fue al baño y se metió en la bañera.

Al chivo le encantó la colcha de flores y se la comió enterita, diciendo "bee" todo el tiempo.

La vaca hizo otras cosas que no debía, diciendo "muu".

La gallina se sentó en un jarrón de porcelana fina y puso un huevo blanquísimo diciendo "clo, clo".

El gallo se paró en la ventana, infló las plumas y dijo:

—¡Kikirikí!

¡Ya estoy aquí!

La casera lo oyó todo y subió corriendo. Se encontró con la

pata, la vaca, el chivo, el conejo, el burro y el gallo y gritó:

—¡Fuera! ¡Fuera de aquí todos! ¡Fuera!

Salió el papá, salió la mamá, salió Pepín.

El abuelo, que se había que-
dado abajo esperando con cara
de pícaro, los subió a todos en
la carreta, se los llevó por el lomerío verde hasta la finca, y

allá están todos, juntos y feli-
ces, con el "cuac" y el "bee", el
"muu" y el "kikirikí".

Y ya no hay vaca, ni gallina, ni pato ni burro, ni conejo, que no conozca Pepín.